D

ENCICLOPEDIA DE LOS ANIMALES SALVAJES

LOS POLOS

MICHAEL CHINERY
ILUSTRADO POR JOHN BUTLER
Y BRIAN MCINTYRE

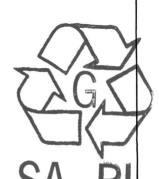

EDITORIAL EVEREST, S. A.

Madrid • León • Barcelona • Sevilla • Granada • Valencia
Zaragoza • Las Palmas de Gran Canaria • La Coruña
Palma de Mallorca • Alicante • México • Lisboa

Contenido

Título original:
WILD WORLD OF ANIMALS – Polar Lands

Coordinador de la enciclopedia

Mike Halson

Traducción

Alejandro Fernández Susial

© Grisewood & Dempsey Ltd., y
    EDITORIAL EVEREST, S. A.
ISBN: 84-241-2059-0 (Obra completa)
ISBN: 84-241-2056-6 (Tomo VI)
Depósito legal: LE. 1648-1998
Printed in Spain - Impreso en España

EDITORIAL EVERGRÁFICAS, S. L.
Carretera León-La Coruña, km 5
LEÓN (España)

La vida en los Polos

Las regiones polares rodean los polos Norte y Sur de la tierra. El Ártico es el área alrededor del polo Norte y la Antártida rodea al polo Sur. Ambas regiones son muy frías, con temperaturas bajo cero la mayor parte del año. Incluso en verano, no sobrepasan los 10° C. El mar se hiela en invierno formando hielo compacto. Los animales polares poseen espesos pelajes para mantenerse calientes. Aquellos que viven en el agua helada también tienen bajo la piel una gruesa capa de grasa llamada *saín*.

Este dibujo muestra una escena del Ártico. Esta región está formada principalmente por una tierra sin árboles llamada tundra, que rodea el océano Ártico. En esta zona viven muchos más animales que en la Antártida porque la nieve de la tundra se derrite en verano y los animales se pueden alimentar de las plantas que allí crecen.

Clave de los mapas polares

Mar cubierto de hielo durante todo el año o gran parte de él.

Tierra permanentemente cubierta de hielo y nieve.

Tundra.

AMÉRICA DEL NORTE

ASIA

OCÉANO ÁRTICO

Polo Norte

GROENLANDIA

EUROPA

¿LO SABÍAS?

Los mamíferos polares tienen normalmente orejas más pequeñas y hocicos más cortos que otros animales similares que viven en climas más cálidos. Esto se debe a su necesidad de mantenerse tan calientes como les sea posible en temperaturas terriblemente frías, ya que el calor se pierde con facilidad por las orejas y los hocicos largos.

LA ANTÁRTIDA

Es una tierra helada rodeada de mares fríos. Incluso en verano la mayor parte de esta tierra está cubierta de hielo. Casi todos los mamíferos antárticos viven en el mar, donde hay muchos peces y otras especies de las que alimentarse.

5

El oso polar

Los osos polares viven en las costas del océano Ártico. Algunas veces nadan mar adentro pero normalmente permanecen cerca del hielo compacto. Allí es donde encuentran las focas que constituyen el elemento fundamental de su dieta. También capturan peces y cuando llegan a las costas en verano se alimentan de bayas. Los osos polares son animales muy fuertes y peligrosos. En Canadá a veces atacan ciudades y pueblos y entran en las casas para conseguir comida.

SUPERVIVENCIA

Los osos polares son bastante escasos y la mayoría de los países nórdicos tienen leyes para protegerlos, aunque, a pesar de ello, los cazadores matan varios ejemplares cada año.

Sus grandes patas son como raquetas de nieve. Las plantas cubiertas de pelo les ayudan a agarrarse al hielo y a la nieve.

Los osos polares son grandes nadadores. Reman con sus patas delanteras y usan las traseras como timón.

Las crías del oso polar nacen bajo la nieve en pleno invierno. Al nacer pesan menos de 1 kg.

El oso polar usa sus enormes dientes para desgarrar a sus presas. Su lengua tiene un extraño color violeta.

Su aceitoso pelaje y una gruesa capa de grasa bajo la piel mantienen al oso polar caliente, incluso en los climas más fríos.

DATOS

• Los adultos pesan de 300 a 500 kg. Pueden correr a 30 km/h y nadar a 10 km/h.

• Los osos polares cazan patos y gansos así como focas y peces.

El lemming

Los lemmings son los mamíferos más comunes en la tundra nórdica. Miden unos 15 cm y tienen un aspecto muy similar al de los hamsters. Se alimentan de hierbas y otras plantas de la tundra y a su vez sirven de alimento a armiños, zorros y búhos nivales. Cada pocos años el número de lemmings aumenta hasta tal punto que no hay comida suficiente para todos. Entonces millones de estos animales se lanzan a través de la tundra en busca de nuevos hogares y nuevas fuentes de alimento.

Los lemmings pasan el invierno en largos y sinuosos túneles que excavan en la nieve a nivel del suelo. Los lemmings tienen allí algunas de sus crías.

Al salir a por un poco de aire fresco, este lemming debe mantener sus ojos y oídos bien abiertos debido a los armiños y otros predadores hambrientos.

 ¿LO SABÍAS?

Muchos lemmings se ahogan al cruzar los ríos en busca de nuevos hogares. Los más afortunados son los que se quedan, ya que tendrán abundante comida y pueden empezar de nuevo.

Los lemmings encuentran mucha comida en sus túneles invernales. El espeso manto de nieve que los cubre les mantiene calientes.

El búho nival

El búho nival mide hasta 60 cm y es una de las aves más resistentes del mundo. Vive en la tundra todo el año, aunque puede volar muy al sur si hay escasez de alimento. Los lemmings son su comida preferida, pero también capturan conejos, liebres y patos. La hembra pone hasta 15 huevos en un agujero en el suelo. No hace un verdadero nido.

Con sus grandes ojos, puede cazar perfectamente tanto en la oscuridad como en las horas de luz del verano.

Las densas plumas de sus patas ayudan al búho nival a mantenerse caliente. Utiliza sus fuertes garras para capturar las presas.

Las plumas moteadas de la hembra del búho le ayudan a camuflarse mientras se sienta a guardar sus huevos o sus crías.

Las mariposas polares

En la Antártida no hay mariposas porque no hay flores de las que alimentarse, pero en el Ártico la situación es diferente. La tundra se cubre de flores en verano por lo que muchas mariposas vistosas viven allí. Antes de llegar a ser mariposas completamente desarrolladas, las orugas y crisálidas se protegen del frío por medio de un fluido especial que contiene su cuerpo. Este fluido funciona como el anticongelante de los coches y evita que se congelen.

 ¿LO SABÍAS?

Las mariposas polares son más oscuras que las mariposas de áreas más cálidas. Los colores oscuros absorben el calor mejor que los claros y así las mariposas se calientan más rápidamente.

La perlada ártica calienta sus músculos para volar tomando el suave sol con las alas abiertas.

Algunas orugas tardarán dos años en crecer en unas condiciones climáticas tan rigurosas, marcadas por la oscuridad y el frío.

El pato edredón

Los patos edredón son patos robustos que viven normalmente en las costas árticas. Los machos son en su mayoría negros y blancos, pero las hembras son de color marrón pálido. Los patos edredón son grandes buceadores y se alimentan principalmente de crustáceos que recogen del fondo marino. El edredón común aquí dibujado a menudo vuela hacia el sur en invierno, pudiendo llegar hasta el mar Mediterráneo.

DATOS

• En el lejano norte viven varios tipos de patos edredón.

• El pato edredón careto se denomina así por las manchas de tono claro que rodean sus ojos, que se asemejan a un antifaz.

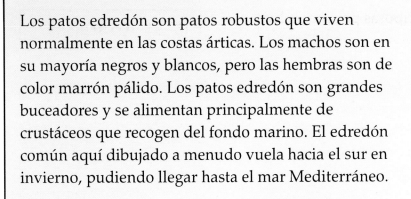

El nido es un agujero acolchado con algas y relleno del plumón del cuello de la hembra. En él puede haber hasta seis huevos.

¿LO SABÍAS?

Los "edredones" que mucha gente pone sobre sus camas, se llaman así porque están rellenos de las suaves y blandas plumas de la hembra del pato edredón. Las plumas también se utilizan para rellenar almohadas.

A los patos edredón les gusta la compañía y a menudo nadan en grandes manadas. También anidan en colonias, normalmente cerca del mar.

El pingüino emperador

Los pingüinos emperador pasan toda su vida en el hielo antártico o en sus cercanías. La hembra pone un solo huevo en medio del invierno a temperaturas de hasta -80° C. El macho cuida el huevo mientras la hembra va de pesca. Ésta puede andar más de 100 km hasta el agua y no vuelve en unos 60 días. Pero ella sabe exactamente cuándo debe volver. Regresa con reservas de pescado justo cuando el huevo está a punto de romperse. A estas alturas el pobre macho está casi muerto de hambre y muy delgado y se va anadeando hasta el mar para alimentarse.

DATOS

• Con sus 120 cm de altura, el emperador es el más grande de los pingüinos. Se crían en enormes colonias.

• Todos los pingüinos viven en el hemisferio Sur, pero no todos viven en lugares fríos. Algunas especies viven en mares cálidos cerca del ecuador.

El macho mantiene el huevo entre los pies y el estómago. El huevo moriría si tocase el hielo.

Los polluelos se amontonan unos junto a otros dándose calor mientras sus padres están pescando.

Los polluelos pierden sus lanudos pelajes y se quedan con las brillantes plumas de los adultos cuando tienen meses.

Los pingüinos no pueden volar por el aire, pero agitan sus fuertes alas con forma de aleta en el agua como si estuviesen volando. Los pingüinos emperador se sumergen a más de 50 metros en busca de pescado.

Los pingüinos tienen plumas escamosas e impermeables y una gruesa capa de grasa debajo para mantener el calor.

Este joven polluelo está a punto de trasladarse a los pies de su madre y de obtener su primer alimento de ella.

13

El zorro ártico

Los zorros árticos recorren toda la región nórdica incluyendo algunas islas heladas del océano Ártico. Los lemmings son su principal alimento, pero comen casi todo incluso perdices nivales y algas. Los zorros que viven en las zonas más al norte siguen a los osos polares en el invierno y se alimentan de los despojos de las focas capturadas por ellos.

¿LO SABÍAS?

El zorro azul es una variedad del zorro ártico con pelaje gris azulado.

Algunos zorros pasan el invierno en la tundra pero la mayoría se trasladan al sur.

Las orejas son cortas ya que si fuesen largas se perdería demasiado calor corporal.

El pelaje de verano suele ser marrón grisáceo, pero durante los meses de invierno al zorro le crece un espeso pelaje blanco.

Los cachorros de los zorros polares nacen durante el verano en una madriguera bajo tierra. Suele haber unos siete cachorros en cada camada, que son alimentados tanto por el padre como por la madre.

La perdiz nival

La perdiz nival pasa toda su vida en el frío, en la tundra nórdica o en las montañas. Como muchos otros animales del Ártico, se vuelve blanca en invierno para camuflarse bien durante todo el año. La perdiz nival pasa la mayor parte de su tiempo en el suelo, pero vuela perfectamente alternando series de planeos con un rápido batido de sus alas.

¿LO SABÍAS?

La razón por la que a la perdiz nival le crece su blanco plumaje invernal son los cortos días del otoño. Si se mantiene al ave en cautividad con menos de 12 horas de luz al día, su plumaje se volverá blanco aún en pleno verano.

Las patas de la perdiz nival están recubiertas de plumas que le ayudan a mantenerse caliente en la nieve.

Las perdices nivales tienen muchos enemigos y a menudo deben tomar medidas para evitar ser capturadas. En situaciones de peligro se agazapan y utilizan su camuflaje para pasar inadvertidas en el terreno.

A finales de la primavera, la hembra pone hasta 10 huevos bien camuflados en un hoyo descubierto sobre el terreno.

La perdiz nival se alimenta principalmente de hojas y brotes, pero también le gusta comer bayas en otoño.

El lobo

El lobo es el ejemplar de mayor tamaño de la familia del perro. Caza por la tundra ártica en manadas. Cada manada tiene normalmente entre ocho y quince ejemplares y es dominada por el macho más fuerte y su pareja. Los lobos se alimentan de cualquier tipo de animal, pero generalmente cazan la pieza más grande que pueden. Los renos son su principal presa en la tundra y los miembros de la manada trabajan juntos para cazarlos. Entre ellos se llaman por medio de fuertes aullidos. Los lobos pueden correr durante horas a una velocidad de 40 km/h y acosan a su presa hasta agotarla.

SUPERVIVENCIA

Antiguamente vivían en diversos países por todo el hemisferio Norte, pero ahora sólo habitan en áreas salvajes. Del resto de los sitios han sido eliminados por constituir una amenaza para las ovejas y otros animales de granja.

Los lobos de la tundra tienen generalmente un color gris amarillento, pero algunas veces son blancos, especialmente en Norteamérica.

La hembra que lidera la manada da a luz a unos siete cachorros en una madriguera entre las rocas. Las otras hembras ayudan a cuidarlos.

Los jóvenes lobeznos pasan mucho tiempo jugando. Cuando crecen sus padres les enseñan a cazar.

Cada manada de lobos recorre asiduamente un área determinada que puede llegar a cubrir más de 500 km². Algunas manadas se trasladan hacia los bosques del sur en invierno.

¿LO SABÍAS?

La posición del rabo de un lobo hace saber a los demás lobos cuál es su estado de ánimo. Una cola estirada (1) les advierte que se mantengan alejados. Una cola pegada a las patas (2) quiere decir: "Me rindo. No me ataquéis". Si la cola cuelga libremente, el lobo está satisfecho.

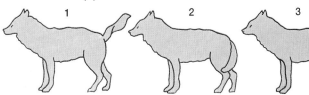

Los lobos tienen largos y poderosos colmillos para matar a sus presas, al igual que afilados dientes laterales para cortar la carne.

DATOS

• El lobo mide hasta 2 m de largo y pesa hasta 70 kg.

• Pueden comer 15 kg de carne de una sola vez y después estar varias semanas sin alimentarse.

El escribano nival

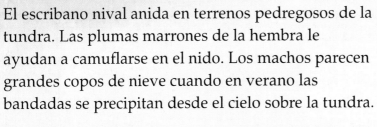

El escribano nival anida en terrenos pedregosos de la tundra. Las plumas marrones de la hembra le ayudan a camuflarse en el nido. Los machos parecen grandes copos de nieve cuando en verano las bandadas se precipitan desde el cielo sobre la tundra.

El escribano nival utiliza su fuerte pico fundamentalmente para romper semillas. Esta ave también se alimenta de insectos.

El pechiazul

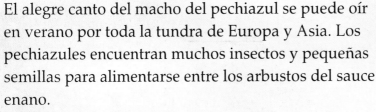

El alegre canto del macho del pechiazul se puede oír en verano por toda la tundra de Europa y Asia. Los pechiazules encuentran muchos insectos y pequeñas semillas para alimentarse entre los arbustos del sauce enano.

 ¿LO SABÍAS?

El pechiazul mide sólo 14 cm, pero cuando llega el otoño es capaz de volar hasta África o el sur de Asia. En primavera regresa al norte para anidar. Estos largos viajes se denominan migraciones.

Los pechiazules machos tienen una mancha roja o blanca en el cuello. Las hembras no tienen nada azul en el plumaje.

El halcón gerifalte

El halcón gerifalte es una poderosa ave de presa de unos 60 cm. Pasa todo el año en la tundra o en las costas rocosas del Ártico. Su presa favorita es la perdiz nival a la que captura en el aire o en el suelo. Los halcones gerifalte anidan en los salientes rocosos y a menudo utilizan viejos nidos de otras aves grandes. La mayoría de los halcones gerifalte viven en Groenlandia.

Como todos los halcones, el gerifalte tiene largas y estrechas alas y se lanza por el aire a grandes velocidades.

Los halcones gerifalte crían tres o cuatro polluelos que pueden volar cuando tienen unas siete semanas.

Los halcones gerifalte de Groenlandia y del Gran Norte son casi blancos, pero más al sur estas aves son generalmente de color gris oscuro.

El pingüino de Adelia

De los 17 tipos de pingüinos existentes, el de Adelia es uno de los más frecuentes. Con sus 45 cm de altura es también uno de los más pequeños. El pingüino de Adelia pasa el largo invierno alimentándose de pequeñas criaturas del tipo del camarón en los helados mares de la Antártida. Regresan a tierra en primavera para criar a sus polluelos. Cada pareja utiliza el mismo nido rocoso cada año. Los pingüinos no saben volar, pero nadan extraordinariamente bien con sus alas en forma de aletas.

DATOS

• Suele haber dos huevos en cada nido. El macho y la hembra se turnan para cuidarlos.

• Cuando las crías tienen un mes, abandonan el nido y se unen a otros cientos de crías. Sus padres les llevan comida regularmente.

Para desplazarse a mayor velocidad, se deslizan sobre sus estómagos, utilizando sus estrechas alas y sus pies palmeados para impulsarse y dirigirse.

Alimentan a sus polluelos con alimentos digeridos parcialmente. Las crías lo toman del interior de la boca de sus padres.

Para hacer el nido, el macho coge guijarros y los deja caer a los pies de su compañera. Ella los coloca formando un pequeño círculo.

Los pingüinos de collar (izquierda) reciben este nombre debido a la línea que recorre su barbilla. Los pingüinos crestados (derecha) se llaman así por tener dos crestas de plumas amarillas a ambos lados de la cabeza.

Cuando el macho encuentra su viejo nido advierte al resto mirando hacia el cielo, agitando sus alas y chillando fuertemente.

Para el pingüino de Adelia no es ningún problema tener que salir desde el agua hasta el hielo. Puede llegar a saltar hasta dos metros en el aire.

Además de ser buenos nadadores bajo el agua, los pingüinos de Adelia pueden nadar perfectamente por la superficie, como los patos.

El armiño

El armiño es un cazador pequeño pero fuerte y veloz, que se puede encontrar en casi todos los lugares del hemisferio Norte. Las aves y los campañoles son sus principales presas en la tundra nórdica, pero en otros lugares se alimenta de numerosos conejos. En el Ártico y otras zonas nórdicas le crece un pelaje blanco en otoño, y entonces se puede camuflar perfectamente cuando llega la nieve.

DATOS

• Los machos miden unos 30 cm de largo y pesan hasta 450 g. Las hembras son más pequeñas.

• El final de la cola del armiño es siempre negro, incluso en invierno cuando el resto del pelaje del animal es blanco.

La hembra del armiño puede tener hasta 12 crías en primavera. Las traslada a nuevos hogares cogiéndolas con la boca.

El blanco pelaje invernal del armiño se utiliza mucho en la confección de prendas.

El págalo grande

A los págalos se les llama frecuentemente piratas debido a que acosan a otras aves marinas y les roban pescado, aunque son perfectamente capaces de pescar por sí mismos. El págalo grande que vemos aquí es también un importante predador de gaviotas y pingüinos. Es la única ave marina que se cría tanto en las lejanas tierras nórdicas como en la Antártida. El págalo grande es un ave intrépida y ataca a aquellas personas que se acercan demasiado a su nido golpeándolas con sus alas.

Los págalos trabajan a menudo en parejas. Aquí, el primero se abalanza sobre un pingüino adulto para derribarlo. Detrás de él, otro págalo se prepara para lanzarse a capturar al indefenso polluelo. Estas aves también cogen huevos de pingüino de la misma forma.

El arma principal del págalo es su poderoso pico, con el que puede matar fácilmente a una cría de pingüino.

¿LO SABÍAS?

Antiguamente los págalos grandes vivían solamente en el hemisferio Sur, pero en la actualidad hay también grandes colonias de págalos en Islandia, las Islas Shetland y Escocia.

El buey almizclero

El buey almizclero es uno de los mamíferos más fuertes del mundo. Se pasa todo el año en la tundra y, gracias a su largo pelaje, puede sobrevivir a ventiscas con temperaturas de hasta -40° C. Los bueyes almizcleros viven en pequeñas manadas. Comen hierbas y sauces enanos en verano, pero en invierno se sustentan exclusivamente de líquenes y de la grasa almacenada en sus cuerpos durante el verano. El buey almizclero pesa 400 kg y mide 1,3 m de altura.

Los únicos enemigos naturales del buey almizclero son los lobos, pero éstos sólo atacan a las crías o a ejemplares débiles. Una manada de lobos no tendría ninguna oportunidad contra esta formación en círculo de bueyes almizcleros adultos.

El largo y espeso pelaje del buey almizclero le da una buena protección contra el frío. Las crías ya nacen con este grueso pelaje.

Sus anchas pezuñas ayudan al buey almizclero a caminar por nieve blanda.

Antiguamente los bueyes almizcleros recorrían toda la tundra, pero eran un blanco fácil para los cazadores. La caza se detuvo justo a tiempo para evitar la extinción de la especie y hoy en día son de nuevo bastante abundantes. La mayoría de ellos vive en Canadá y Groenlandia.

DENTRO DEL CÍRCULO

La formación en círculo mantiene a las crías y a los miembros débiles de la manada a salvo de los lobos. La cortina de largo y espeso pelaje también les da una valiosa protección contra el frío y la nieve.

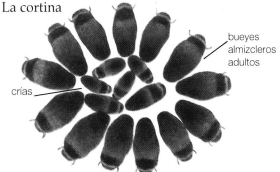

bueyes almizcleros adultos

crías

Los cuernos miden unos 65 cm de largo. Son una defensa muy buena contra los lobos, pero no contra las balas del rifle de un cazador.

El charrán ártico

El charrán ártico es el animal que realiza el más largo de los viajes. Al finalizar cada verano, después de procrear en el Ártico, se va volando para pasar los siguientes meses pescando en el océano Antártico. Entonces regresa al norte para criar de nuevo. El viaje completo puede llegar a ser de unos 40 000 km, pero esto supone que el ave se pasa casi toda su vida a la luz del día.

¿LO SABÍAS?

El charrán macho atrae a su pareja planeando sobre la colonia con un pez en su pico. Se lo dará a aquella hembra que salga a volar a su encuentro, y entonces las dos aves se aparearán.

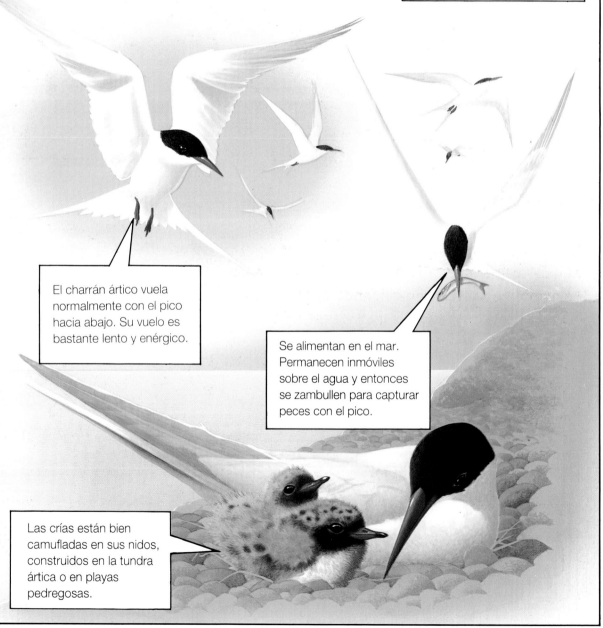

El charrán ártico vuela normalmente con el pico hacia abajo. Su vuelo es bastante lento y enérgico.

Se alimentan en el mar. Permanecen inmóviles sobre el agua y entonces se zambullen para capturar peces con el pico.

Las crías están bien camufladas en sus nidos, construidos en la tundra ártica o en playas pedregosas.

El ganso nival

El ganso nival anida durante el verano en enormes colonias en las lagunas de la tundra en Norteamérica y Siberia. Se alimenta principalmente de la exuberante vegetación que crece allí. Los gansos vuelan hacia el sur en otoño para pasar el invierno a una distancia de hasta 5 000 km, en México, California y Japón.

DATOS

• El ganso nival pesa hasta 6 kg.

• Algunos son blancos, mientras que otros son de color azul grisáceo.

El chorlito

El chorlito ha encontrado la forma de tener dos nidadas de polluelos durante el corto verano ártico. La hembra deja al macho cuidando de los polluelos y a menudo encuentra una segunda pareja. El chorlito se cría en la tundra de Europa y Asia, y vuela a África en invierno.

¿LO SABÍAS?

Los chorlitos son unos pájaros muy dóciles. Son tan confiados que en ocasiones permiten que se les acaricie mientras están en sus nidos.

La foca de anillos

La foca de anillos, llamada así por sus manchas en forma de anillos, es la foca más pequeña del mundo. Mide aproximadamente 1,5 m de largo. La mayoría de ellas permanecen en el hielo ártico o bajo él durante todo el año. Se alimentan de camarones y otros pequeños crustáceos.

¿LO SABÍAS?

Las focas que nadan bajo el espeso hielo ártico necesitan salir a la superficie a respirar cada pocos minutos. Para esto tienen que hacer agujeros en el hielo con sus dientes.

Las focas de anillos viven mucho más al norte que cualquier otro mamífero. Probablemente hay unos seis millones de ellas en las heladas aguas del Ártico.

El narval

El narval es una pequeña ballena ártica sin dientes a excepción de su largo colmillo. Se alimenta principalmente de calamares, que coge con sus endurecidas encías. Sólo los narvales macho tienen colmillo que mide hasta 2,5 m, la mitad de la longitud de su cuerpo.

¿LO SABÍAS?

Los esquimales tallan los colmillos de narval para hacer amuletos de la suerte. ¡Pero aún no sabemos con certeza para qué utilizan los narvales sus colmillos!

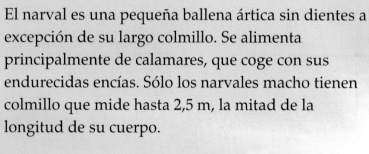

El oso marino

El oso marino vive en la zona norte del océano Pacífico, y raramente se traslada a las heladas aguas del océano Ártico. Se alimenta fundamentalmente de peces y calamares. En verano, los osos marinos llegan a la costa de un grupo de islas cerca de Alaska para criar. Cada macho grande se apropia de una franja de la playa y echa de ella a los otros machos. Se aparea con tantas hembras como puede en su franja de costa.

SUPERVIVENCIA

Cuando éstos fueron descubiertos hace unos 200 años, había más de dos millones de ejemplares, pero en tan sólo 100 años los cazadores de pieles los han matado a casi todos. Ahora, la caza se controla cuidadosamente, y la población se está recuperando.

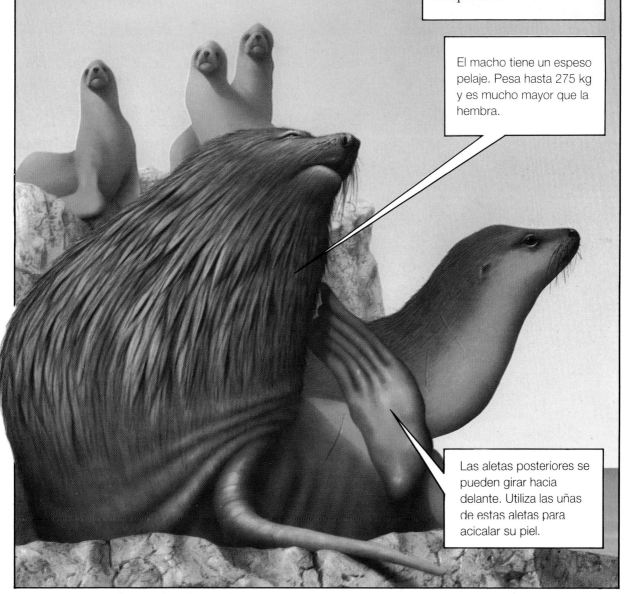

El macho tiene un espeso pelaje. Pesa hasta 275 kg y es mucho mayor que la hembra.

Las aletas posteriores se pueden girar hacia delante. Utiliza las uñas de estas aletas para acicalar su piel.

El elefante marino

Los elefantes marinos son los ejemplares más grandes dentro de la familia de las focas. Llegan en primavera a la costa de playas rocosas para procrear. Los machos llegan los primeros y los mayores y más fuertes se apropian de una parte de la playa para ellos. Se les denomina los señores de la playa. Las hembras llegan poco después y cada macho reúne en su manada tantas hembras como le sea posible. Las hembras ya están preñadas del año anterior, y tienen a sus cachorros poco después de llegar. Entonces ya están preparadas para aparearse de nuevo con su pareja.

El hocico del macho es parecido a la trompa del elefante. Lo utiliza para emitir rugientes bramidos que pueden ser oídos a varios km de distancia.

Cuando dos elefantes marinos pretenden la misma parte de la playa, luchan para decidir quién se queda con ella. Finalmente, el macho más débil se rinde y se aleja derrotado.

En la lucha a menudo se producen grandes desgarros con los dientes. Las heridas se curan pronto, pero les quedan horribles marcas.

¿LO SABÍAS?

Los elefantes marinos del sur que vemos en el dibujo viven en los océanos del Sur. Sus parientes, los elefantes marinos del norte, viven en las cálidas aguas de México y California.

A pesar de su tamaño, se alimentan de pequeños peces y calamares.

DATOS

• Los machos miden hasta 6 m de largo y pesan hasta 3,5 toneladas.

• Las crías pesan unos 40 kg al nacer, pero cuando dejan a su madre un mes más tarde ¡su peso ya es de 150 kg!

Un macho puede controlar y defender un 'harén' de más de 100 hembras, pero 20-30 es una cantidad más normal.

Los machos pesan hasta cuatro veces más que las hembras. Se aparean con todas las hembras de su harén.

31

El oso pardo

Alguien describió alguna vez al oso pardo como cuatro patas y un montón de garras. Pesa hasta 450 kg y es un animal muy fuerte y peligroso. Aunque pertenece al grupo de los mamíferos carnívoros, come muchos vegetales, especialmente en otoño cuando abundan las bayas y otros frutos. En realidad come cualquier cosa que encuentre, incluso los restos dejados por otros animales.

SUPERVIVENCIA

Antiguamente el oso pardo vagaba por todo el área occidental de Norteamérica, pero los colonos mataron casi todos los ejemplares. Actualmente los osos viven sólo en el Gran Norte y en algunas zonas montañosas más al sur.

El oso pardo es muy aficionado a los salmones, que caza sacándolos del agua de un golpe con sus enormes zarpas.

Las crías del oso pardo permanecen al lado de su madre hasta los dos años. Mientras aprenden a cazar.

Las principales armas del oso son sus enormes zarpas con afiladas garras. Pueden matar a un alce de un solo zarpazo.

La liebre de montaña

Las liebres de montaña, también conocidas como liebres árticas, viven por toda la tundra ártica así como en muchas montañas más al sur. Las liebres son de color marrón grisáceo en verano, pero al descender las temperaturas en otoño les nace un nuevo pelaje blanco para el invierno. A menudo viven en grandes grupos y a veces excavan profundas madrigueras para refugiarse del clima frío.

Las liebres de montaña tienen las orejas más cortas que otras liebres con el fin de no perder calor con el aire frío.

Las liebres de montaña también tienen el hocico más corto que otras liebres, otra forma de conservar el calor corporal.

DATOS

• Mide hasta 60 cm de largo. Generalmente se alimenta de brezos y de otros pequeños arbustos.

• Las liebres de montaña de Irlanda, donde no hay mucha nieve, no adquieren el pelaje blanco al llegar el invierno.

La morsa

La morsa pertenece a la familia de las focas. Mide hasta 3,5 metros de longitud y pesa hasta 1 500 kg. Los colmillos son los dientes frontales de la morsa y miden hasta 1 metro de largo. Los utiliza para defenderse y para obtener comida. La morsa es bastante torpe en tierra firme pero, como todas las focas, es una estupenda nadadora. Una gruesa capa de grasa bajo la piel mantiene a la morsa caliente en su hogar ártico.

A las morsas les gusta tomar el sol en grandes grupos en las costas rocosas y en islotes de hielo. Son criaturas ruidosas y rugen fuertemente si son molestadas.

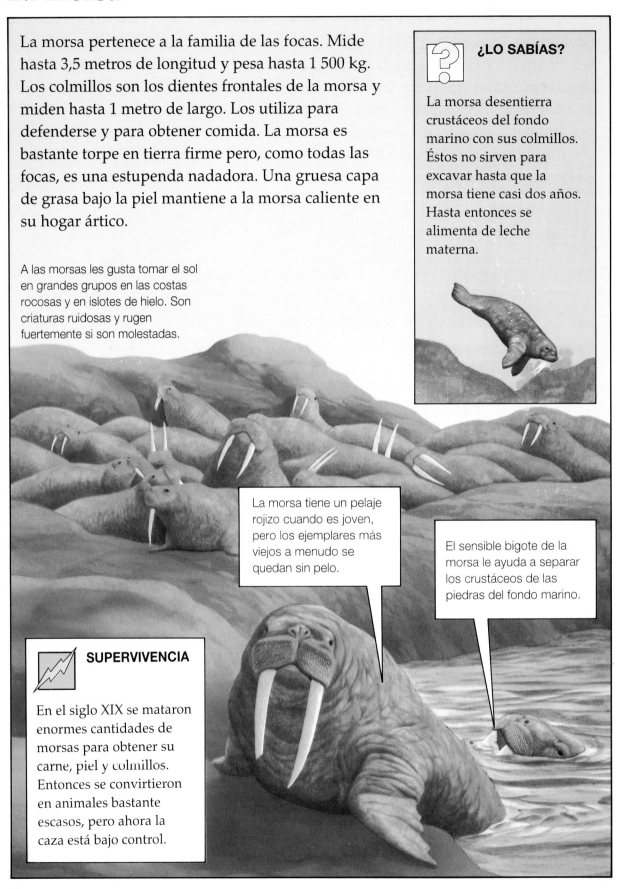

La morsa tiene un pelaje rojizo cuando es joven, pero los ejemplares más viejos a menudo se quedan sin pelo.

El sensible bigote de la morsa le ayuda a separar los crustáceos de las piedras del fondo marino.

SUPERVIVENCIA

En el siglo XIX se mataron enormes cantidades de morsas para obtener su carne, piel y colmillos. Entonces se convirtieron en animales bastante escasos, pero ahora la caza está bajo control.

La foca cangrejera

En realidad, las focas cangrejeras no comen cangrejos.
Se alimentan de animales diminutos que arrastra la
corriente cerca de la superficie del mar. Los dientes,
especialmente preparados, encajan unos en otros
formando una especie de criba para separar la
comida del agua que habitan en las cercanías del
hielo compacto del Antártico.

DATOS

• Las focas cangrejeras
son de color blanco en
verano y gris plateado en
invierno.

• Viven en manadas y
son probablemente las
focas más comunes.

Su hocico es más
pequeño que el de la
mayoría de las focas, ya
que no necesita músculos
para la mandíbula.

La foca leopardo

Llamada así por su pelaje con manchas, la foca
leopardo mide hasta 3,5 metros y es la mayor de las
focas antárticas. Vive sola y se alimenta
principalmente de peces y calamares, pero también
caza pingüinos cerca del hielo compacto.

Su larga cabeza contiene
fuertes mandíbulas y unos
grandes dientes que
pueden cortar en dos a
un pez grande o a un
pingüino.

El reno

El reno vive en manadas por toda la región de la tundra. En verano se alimenta de las hierbas y líquenes que crecen en la tundra, pero generalmente se trasladan al sur en invierno para cobijarse en los bosques. El reno es el único de los cérvidos que tanto el macho como la hembra tienen cornamenta. Los machos pierden su cornamenta antes de la estación otoñal de apareamiento y les crece de nuevo en primavera, mientras que las hembras cambian sus cuernos en verano. En Norteamérica, el reno recibe el nombre de caribú.

DATOS

• Los renos miden unos 120 cm de altura por los hombros.

• Como todos los cérvidos, se comen los cuernos que les caen. Esto les ayuda a desarrollar nuevas y fuertes cornamentas.

El reno tiene un pelaje espeso y muy cálido. Es gris en invierno pero en verano adquiere un vivo color marrón.

En invierno encuentran alimento apartando la nieve con sus pezuñas. El nombre de caribú proviene de una palabra de los nativos americanos que significa 'excavador'.

Los cuernos están hechos de hueso y al principio están cubiertos de piel. La cornamenta del macho es más larga que la de la hembra.

Los renos son buenos nadadores y a menudo atraviesan grandes ríos en sus viajes anuales de ida y vuelta desde la tundra hasta los bosques.

Las anchas pezuñas actúan en forma de raquetas de nieve, ayudando al reno a caminar sobre nieve blanda sin hundirse en ella.

¿LO SABÍAS?

La mayoría de los renos del norte de Europa y Asia han sido domesticados. Proporcionan carne, leche y cuero igual que la ganadería lo hace en otras regiones. Los trineos de renos son frecuentemente la mejor forma de trasladarse por la nieve. ¡Pregúntale a Papá Noel!

Los Polos en peligro

Recientemente se han encontrado enormes cantidades de petróleo y carbón bajo las heladas tierras de la tundra ártica. También hay importantes yacimientos de minerales, incluyendo cobre y oro. A pesar del intenso frío y de los largos períodos de oscuridad, la gente se está trasladando a estas tierras nórdicas para conseguir estos minerales. Se han construido nuevas ciudades cerca de las minas y de los pozos de petróleo, y en muchas zonas la vida animal ha sufrido las consecuencias.

Ni siquiera el océano Ártico cubierto de hielo está seguro ante la actividad humana porque se vierten al mar petróleo y otros materiales contaminantes que dañan a los peces y a otros animales que viven allí.

SALVAR LA ANTÁRTIDA

La Antártida posee abundantes minerales valiosos y petróleo bajo sus hielos, pero los países de todo el mundo han acordado recientemente no dañar esta maravillosa región excavando minas o pozos de petróleo. Numerosos científicos viven y trabajan en la Antártida, estudiando el clima y la atmósfera de la Tierra, pero sin causar ningún daño al continente ni a su fauna.

Los oleoductos que se extienden a lo largo de la tundra ártica pueden alterar el equilibrio natural calentando la tierra y dificultando las migraciones de los animales.

Palabras útiles

Ave de presa   Cualquiera de las aves pertenecientes a la familia del halcón y del águila, con fuertes garras y pico corvado. Se alimentan de una gran variedad de animales.

Camada   Nombre dado al grupo de crías de un mamífero que nacen de una vez.

Camuflaje   Sistema mediante el cual los animales eluden la atención de sus enemigos imitando su entorno o mezclándose con él. De esta forma no es fácil verlos.

Clima   Las condiciones generales del tiempo atmosférico de una zona, determinadas en gran parte por su posición en la superficie de la Tierra.

Colmillo   Diente largo y normalmente afilado, usado para luchar y también para desenterrar comida.

Crisálida   Fase final de la vida de una mariposa, al transformarse de oruga a insecto volador adulto.

Crustáceo   Cualquier miembro de la familia de los cangrejos y las langostas, animales de caparazón duro con muchas patas.

Domesticado   Que no es salvaje. Los animales domesticados han sido domados por el hombre con diferentes propósitos.

Extinción   Desaparición total de cualquier especie animal o vegetal. Una criatura extinguida es aquella que ha desaparecido de todos los lugares de la Tierra.

Hemisferio   Una de las dos mitades del mundo. El hemisferio Norte es la mitad norte y el hemisferio Sur es la mitad sur. Están separados por una línea imaginaria llamada ecuador.

Liquen   Tipo de planta muy resistente que cubre gran parte de la tundra. Algunos líquenes pueden crecer incluso en rocas sólidas. Los líquenes no tienen flores.

Mamífero   Cualquier miembro del gran grupo de animales que alimentan a sus crías con leche del cuerpo de la madre. La mayoría de los mamíferos tienen pelo o piel, que es especialmente espesa en el caso de muchos mamíferos polares.

Migración   Traslado regular realizado por animales de un área a otra en determinadas estaciones. Muchos animales polares emigran en invierno a tierras más cálidas.

Nidada   Nombre dado a un grupo de animales, especialmente aves, que nacen de un mismo grupo de huevos.

Pesticida   Veneno utilizado para acabar con las plagas.

Predador   Cualquier animal que caza o captura a otros animales como alimento.

Presa   Cualquier animal que es capturado y comido por un predador.

Saín   Gruesa capa de grasa que se encuentra bajo la piel de muchos animales polares. Les ayuda a mantenerse calientes.

Tundra   Región fría y sin árboles que rodea el océano Ártico. Está helada en invierno, pero el hielo se derrite en verano y entonces la tundra se cubre de vistosas plantas.

Ventisca   Tormenta de nieve con fuertes vientos.

Índice